THE HISTORY OF THE HERO

英雄養成記

歷代豪傑的蓋世功勳

韓明輝 著

目錄
CONTENTS

目錄
CONTENTS

1

項羽

我這輩子從來沒服過誰

在古代，有不少打遍天下無敵手的戰神，但像「西楚霸王」項羽這種令天下人聞風喪膽的卻寥寥無幾。

天上地下，打遍牛鬼蛇神！

古往今來，唯我一人稱尊！

項羽究竟有多厲害呢？今天，我們就來領略他叱吒風雲的一生。

我這輩子從來沒服過誰！

不服來戰！

一、抱負不凡

項羽出生於武將世家，秦始皇兼併六國前，他祖上在楚國軍界幾乎代代都是大老。

大家都知道，常人每隻眼睛中只有一個瞳孔。據說，項羽和舜一樣，每隻眼睛中有兩個瞳孔。

小知識

在古代，人們認為天生異相的人皆非凡人。例如，相傳黃帝的臉長得像龍，堯的眉毛有八種顏色，禹的耳朵有三個窟窿，周文王長了四個乳頭。

年輕時，項羽便表現出兩大優點：

（一）天生神力

有個成語專門為項羽量身打造，就是「力能扛鼎」。

（二）志向遠大

　　叔叔項梁曾教他寫字，他看不上；又教他練劍，他依然看不上。他還說 ——

學寫字只能用來記姓名，練劍只能對付一個人，要學就學對付上萬人的本領！

野心不小！

　　如何才能對付上萬人呢？當然是學習兵法啦！
　　於是，項梁開始教項羽兵法。他驚奇地發現，項羽是個百年不遇的軍事奇才，一點就通。

悟性很高嘛！

那還要感謝我們家族的好基因！

你是不是以為項羽的終極目標就是做個能抵擋千軍萬馬的大將軍？如果這麼認為，就太小看他了，他的終極目標是做個像秦始皇一樣的巨星。

小知識

　　項羽與漢高祖劉邦還是平民老百姓時，都曾碰見秦始皇駕著跑車巡遊天下。劉邦羨慕地說：「大丈夫就該如此！」而項羽卻說：「我可以取而代之！」

夢想還是要有的，
萬一實現了呢？

二、揭竿而起

　　秦朝末年，陳勝、吳廣奉朝廷之命帶領九百名戍卒去北京當保安，結果半路遭遇大雨，無法按時到公司打卡，按律當斬。

　　造反是死，不反也是死，兩人索性帶領大夥幹起革命。

這場革命來勢洶洶，全國人民很快被洗版，對秦朝不滿的人紛紛拿起武器回應革命。

小知識

沒過多久，陳勝便自立為王，建立「張楚」政權。所謂「張楚」就是擴張、壯大楚國。與此同時，吳廣被封為假王。什麼是假王呢？就是非正式任命的王，與王的地位、權力相同，只是沒有繼承權。

不久，項梁與項羽趁機殺掉會稽郡守且占領會稽郡，回應革命。

隨後，項梁、項羽率領八千江東子弟渡江滅秦。一路上，他們還收穫不少粉絲。

然而，六個月後，突然有一則爆炸性新聞驚呆所有革命軍：陳勝、吳廣雙雙被殺。

為何他們會失敗呢？有個七十歲的老頭名叫范增，他對項梁解釋說——

如何才能確保革命成功呢？范增替項梁出了個主意。

當時，楚國王室後裔的熊心已經淪落為放羊娃。項梁二話不說把他請回去，然後立為楚懷王，這也意味著早已滅亡十五年的楚國再次「復活」。

恭喜你成為本年度最大的錦鯉＊！

我家祖墳指定冒青煙了！

＊ 錦鯉素有「鯉魚躍龍門」的傳說，於是成為「好運」的象徵。隨著網路使用熱度增加，開始泛指在小機率中運氣極佳的人。

三、破釜沉舟

　　自從有了楚懷王這個金字招牌，楚國的勢力迅速壯大。

　　在項梁的帶領下，楚軍屢戰屢勝。這本來是好事，但對於容易驕傲的項梁來說卻是致命的。

　　由於輕敵，項梁最終被秦將章邯打敗，且落得被迫自刎。

章邯打敗項梁後，認為楚國已經不足為懼，便率軍攻打趙國，且將趙王歇重重包圍在鉅鹿城中。

　　眼看就要被秦軍消滅，趙王歇只好找外援。但放眼天下，誰能救得了他呢？只有楚懷王了！趙王歇連忙向楚懷王求救。

楚懷王立刻任命宋義為上將軍，項羽為次將，北上救趙。

然而，當大軍到達安陽時，宋義卻不願意繼續進軍。

這是為什麼呢？因為他想等秦軍和趙軍拚個魚死網破後，再坐收漁翁之利。

有個人卻不贊同宋義的做法，這個人是誰呢？就是項羽。

項羽勸宋義繼續進軍，與趙軍兩面夾擊秦軍，但宋義不聽。項羽便不再和他廢話，直接將他的腦袋砍下來。

不聽勸，只好送你上西天！

遇到你這種一言不合就砍人的主，我也是醉了！

宋義死後，項羽接替他做了上將軍，並立刻率軍渡河救趙。

渡河後，為了向士兵表示不後退的決心，項羽下令鑿毀所有戰船，砸破所有鍋碗瓢勺，燒毀所有營帳，且每人只攜帶三天的乾糧。

「破釜沉舟」這個成語就是這麼來的。

不逼自己一把，你永遠不知道自己有多優秀！

秦、楚兩軍一交戰，楚軍猶如虎狼之師，以一當十，殺得
秦軍哭爹喊娘。

小知識

事實上，前去救援趙國的並非只有楚國，其他諸侯國幾
乎都派有援軍。但由於這些援軍懼怕秦軍都不敢參戰，
紛紛躲在戰場外圍觀楚軍與秦軍廝殺，且各個看得心驚
肉跳。

楚軍簡直就是魔鬼！

楚軍還是催命鬼！

此戰，楚軍完勝秦軍，且幫助趙王歇解除鉅鹿之圍，項羽因此威震天下。

小知識

經此一役，那些在戰場外圍觀的各諸侯國將領算是徹底見識了項羽的剽悍，對他既崇拜，又懼怕。項羽召見他們時，他們無不獻上膝蓋，甚至不敢抬頭仰望項羽。從此以後，項羽便成為各諸侯國共同的上將軍，各路諸侯的軍隊都歸他統轄。

隨後，項羽繼續率軍攻打章邯，而章邯則屢戰屢敗。

當時，大秦帝國的國君是智商堪憂的秦二世。章邯擔心秦二世怪罪，一咬牙，一跺腳，向項羽投降。

項羽擔心章邯手下的士兵不甘心投降，會鬧事，便將二十多萬秦軍全部坑殺，僅留下章邯、司馬欣與董翳三位降將。

殺人須見血，斬草要除根！

是個狠人！

四、鴻門宴

消滅章邯領導的秦軍主力後，項羽率領大軍直奔大秦帝國的都城咸陽。

當他到達函谷關時，卻聽說自己的老戰友劉邦已經攻破咸陽，且派人把守函谷關，不讓任何人進入，可把他氣壞了。

擋我者死！

更加火上澆油的是，劉邦的狗腿子還向項羽打小報告，說劉邦想在關中稱王。

小知識

關中，當時是指函谷關以西的土地，就是戰國後期整個秦國的疆域。

就劉邦那種小混混竟然也想稱王，你說可笑不可笑？

他是想笑死我！

此前，楚懷王曾與各路諸侯約定，誰先殺入關中滅掉大秦帝國，誰就做關中王，史稱「懷王之約」。

按照「懷王之約」，劉邦最先入關，理應做關中王。

不過，項羽卻不想讓劉邦如願以償。

劉邦想做關中王，除非武大郎原諒西門慶、小龍女原諒甄志丙！

項羽是那種能動手不動口的人，所以決定一不做、二不休滅了劉邦。

小知識

當時，劉邦手下有十萬烏合之眾，而項羽手下卻有四十萬精兵。一旦打起來，劉邦肯定會被項羽按在地上摩擦。

然而，出乎眾人意料的是，項羽與劉邦卻因為一個人而沒有打起來，這個人就是項羽的叔叔項伯。

小知識

項伯為何要阻止這場戰爭呢？因為他傻。當初劉邦的謀士張良曾救過他一命，為了報恩，他在項羽即將攻打劉邦的前一天夜裡，把作戰計畫告訴張良，並勸張良早點離開劉邦，以便保命。張良轉過身就把這事告訴劉邦，劉邦是個擅長處理公關危機的老手，為了討好項伯，還答應和項伯做兒女親家。項伯見劉邦很會處理各種事務，便建議他第二天親自到鴻門向項羽謝罪。劉邦答應後，項伯又替劉邦在項羽面前美言幾句，項羽這才取消作戰計畫，並允許劉邦前來謝罪。

第二天一大早，劉邦便帶著張良等人來到鴻門，親自向項羽謝罪。一見到項羽，劉邦就開始各種飆戲，且堅決否認自己有稱王的野心。

坦白從寬，抗拒從嚴！

沒有的事，都是小人故意挑撥離間我們！

劉邦死不承認，項羽也拿他沒辦法，便開個包廂，請他吃飯。這頓飯就是中國歷史上令人心驚膽寒、難以下嚥的鴻門宴。

吃貨雖然各個凶殘，但有人敢吃鴻門宴嗎？

此刻，范增做了項羽的乾爹兼謀士，早已看出將來能與項羽爭奪天下的只有劉邦一人。

為了早點除掉劉邦，席間范增三番五次擺弄玉玦，提醒項羽早下決心，將劉邦砍死在飯桌上，但項羽卻視而不見。

多好的一個人，
怎麼年紀輕輕就
「瞎」了！

見項羽不肯動手，范增只好找來項羽的堂弟項莊，讓他以舞劍助興為由，將劉邦砍死在餐桌上。

項莊舞劍，意在沛公（劉邦當時的官職）！

誰承想項伯卻突然跳出來，也跟著項莊一起舞劍。每當項莊想要對劉邦下手時，項伯便跑過去護著劉邦，結果把范增的大事給搞砸了。

食碗內，說碗外──吃裡扒外！

我樂意！

這頓飯劉邦吃得心驚肉跳，再吃下去，這輩子恐怕都沒有機會吃飯了。於是，他謊稱上洗手間，然後一溜煙逃回自己的地盤。

俺老劉去也！

bye~

就這麼一聲不吭地走了，劉邦難道不怕項羽怪罪嗎？

劉邦可不是那種顧頭不顧尾的人，離開前，他留下張良代他辭行，搞得項羽、范增也很難發脾氣。

一場危機就這麼被劉邦輕易化解。

兵來，我將擋；水來，我土掩！

有什麼好跩的？那是因為我不想殺你！

就這樣，項羽錯過一次除掉劉邦的絕佳時機，也相當於為自己今後的人生埋下一顆足以炸得他粉身碎骨的地雷。

五、分封天下

自從吃過鴻門宴後，劉邦哪裡還敢阻攔項羽入關！於是，項羽帶領大軍暢通無阻地開進咸陽。

一到咸陽，項羽立刻將城內的美女、珍寶洗劫一空，然後放一把大火，將富麗堂皇的宮殿全給燒了，大火整整燒了三個月才熄滅。

我宣布，今後大秦帝國從宇宙上消失！

至此，大秦帝國徹底涼涼。

接下來就是論功行賞，但如何封賞滅秦的功臣呢？項羽派人向楚懷王請示。楚懷王只回他四個字：按約定辦。

如果真按約定辦，劉邦肯定能做關中王，但項羽卻不幹。

這時，項羽想過一把帝王癮，但又不能表現得太明顯，於是他先分封十八個諸侯王，然後自立為西楚霸王。

那麼，本該做關中王的劉邦得到什麼封賞呢？

項羽十分討厭劉邦，所以一口咬定偏僻的巴蜀之地也屬於關中，然後將巴蜀之地和漢中封給劉邦，讓他做漢王。

打不過人家，就只能打掉牙往肚子裡嚥！

小知識

真正的關中之地是怎麼處置的呢？被項羽一分為三，分別封給秦朝的三個降將——章邯、司馬欣和董翳，所以，後來關中一帶的土地被稱為「三秦之地」。

楚懷王更悲摧，先被項羽尊為義帝，然後又被他派人暗殺。

祝你早日投胎做人！

別得意，我們很快就會在地府團聚！

分封完畢後，諸侯們便去各自的封地上任了。

就在項羽也準備回封地時，有人勸他定都關中，可以藉此稱霸天下。

這個主意好不好呢？堪稱絕妙！因為秦國當初就是憑藉關中之地的優勢，一步步吞併六國、一統天下。

可惜項羽一心想著回家炫富，所以沒有採納，還說——

富貴不還鄉，猶如穿著華麗的衣服在夜間行走，誰瞧得見呢？

人家都說楚人目光短淺，像一隻獼猴，即便戴上帽子，也終究不是人！看來，果然如此！

那人見項羽沒有採納自己的建議，便吐槽幾句。項羽很生氣，就把他扔進鍋裡燉了。

要怪就怪自己嘴臭！

就你這智商，恐怕會死得比我慘！

六、楚漢爭霸

本該在富庶的關中稱王，不料卻被項羽分封到鳥不拉屎的地方，劉邦愈想愈有氣。

是可忍，孰不可忍！

沒過多久，劉邦便派大將軍韓信明修棧道，暗度陳倉，打回關中，且占領關中之地。

　　項羽聽說劉邦占領關中，氣壞了。他本來打算帶兵收拾劉邦，張良卻連忙將田榮推出去替劉邦擋槍。

田榮是誰呢？他本是齊王的叔叔，齊國的二號首長。項羽分封天下時，由於他沒有在鉅鹿之戰中幫忙攻打秦軍，因此沒有得到封賞，讓他十分生氣。於是，他帶兵搶占項羽分封到齊國土地上的三個諸侯王的地盤，然後自立為王；隨後，又發布檄文，號召天下諸侯聯合起來消滅項羽。

漢王只不過是想拿回原本屬於他的東西，田榮這傢伙就不一樣了，他想滅了你！

看我不先滅了他這個不知死活的傢伙！

項羽聽完張良的一番糊弄，頓時改變主意，決定先去齊國滅了田榮，再回過頭消滅劉邦。

先讓劉邦這個老小子再多蹦躂幾天！

就在項羽深陷齊國戰場時，突然從老巢傳來一個讓他目瞪口呆的消息：劉邦率領五十六萬諸侯聯軍，攻破他的老巢，不但把美女、珍寶搶去，還天天待在裡頭吃香喝辣。

接著奏樂，接著舞！

項羽哪裡忍受得了這種奇恥大辱，於是，他親率三萬精銳騎兵，不分晝夜地殺回去。

　　劉邦作夢都沒有想到，項羽的三萬騎兵竟然把他的五十六萬大軍殺得屍橫遍野！

　　就連劉邦都險些被抓，而他的老婆和爸爸就沒那麼幸運，雙雙成為項羽的俘虜。

我想哭但是哭不出來！

這就叫「欲哭無淚」吧？

接下來，劉邦使出吃奶的力氣和項羽作對。儘管項羽每次都把劉邦打成狗，但就是消滅不了他。

項羽為了逼劉邦投降，曾威脅說要把他爸放到鍋裡燉了，而他的回答差點把項羽氣死。

當初，我們都是楚懷王的臣子，彼此以兄弟相待，所以我爸就是你爸，如果你一定要把你爸燉了，別忘了幫我盛一碗！

樹不要皮，必死無疑；人不要臉，天下無敵！

小知識

要不是項伯充當調解會主任委員的角色從中調解，項羽恐怕早把劉邦他爸燉了，然後讓外送員送過去，讓他一飽口福。

楚漢爭霸數年，害苦了天下人，項羽於心不忍。為了早日結束這場戰爭，項羽向劉邦喊話，要和他一決雌雄，卻被他拒絕了。劉邦還挖苦說——

我寧願和你拚智商，也不願與你比匹夫之勇！

說得好像你智商爆表似的！

　　項羽感覺智商受到侮辱，便派一員悍將向漢軍發起挑戰，劉邦派神箭手樓煩將其射殺。

　　項羽一連派了三名悍將皆被樓煩射殺，項羽大怒，便親自披掛上陣。

小子，納命來！

樓煩見又有人出來挑戰，張弓搭箭要射，卻見那人怒目圓睜，氣場高過天，嚇得扔下弓箭，逃回軍營，再也不敢出來。

　　劉邦派人打聽，才知道此人竟是項羽，著實吃了一驚。

原來那人是西楚霸王啊，難怪氣場如此強大！

嗯！被西楚霸王嚇跑，不算太丟人！

作對愈久對項羽愈不利，當劉邦派人來求和時，項羽只好答應。

於是，兩人簽定盟約，決定平分天下：鴻溝以東歸楚，鴻溝以西歸漢。

今後井水不犯河水，不然我打斷你的腿！

你想得美！

七、烏江自刎

簽完盟約後，項羽把劉邦的老婆、爸爸全放了，然後撤軍而回。然而讓他沒有想到的是，劉邦這個無賴卻撕毀盟約，繼續追打自己。

不過，劉邦也挺鬱悶，因為他追打項羽等同於送上門挨打。

如何才能扭轉敗局呢？張良替劉邦出了個主意，讓他向韓信等人承諾，只要滅掉項羽，一人分封一塊地盤。

香餌之下，必有懸魚；重賞之下，必有勇夫！

十分贊同！

聽說能得到一大片封地，韓信等人興奮地帶兵殺來了。很快，他們與劉邦的士兵一起將項羽重重圍困在垓下。

你的末日到了！

你是不是太樂觀了？

這段期間，十分搗蛋的劉邦還聘請很多合唱團，讓他們站在四面八方同時為項羽唱歌，且只挑選楚歌唱。

話說，劉邦為何要請項羽免費聽歌，且一定要選楚歌呢？是不是吃飽撐著？當然不是。他是為了製造一種楚國已經被漢軍占領的假象給項羽，這就是「四面楚歌」的故事。

項羽果然上當，由於心情極度鬱悶，他便大半夜在營帳中買醉。

　　當時，老婆虞姬和烏騅馬陪伴在他左右。他看著虞姬和烏騅馬，想到自己堂堂一代霸王竟然會淪落到這種地步，感慨萬千地吟唱道：

　　　力拔山兮氣蓋世，時不利兮騅不逝。
　　　騅不逝兮可奈何，虞兮虞兮奈若何！

　　意思是說，我天生神力，可以拔起大山，我的豪氣世上無人能及。然而，時運不濟，烏騅馬也再難縱橫疆場。烏騅馬不肯前進，我能怎麼樣呢？虞姬啊虞姬，我又該把妳怎麼樣呢？

項羽反覆吟唱著這首詩，虞姬也跟著一起吟唱，兩口子雙雙哭成淚人。

據說，項羽自知窮途末路，便與虞姬揮淚訣別，這件事被稱為「霸王別姬」。虞姬擔心被俘受辱，便自刎而死。

我生是大王的人，死是大王的魂！

若有來生，我們還做夫妻！

隨後，項羽率領八百多人在夜幕的掩蓋下衝出包圍。由於遭到追擊，當他到達烏江時，手下已經沒有多少人了。

就在項羽走投無路之際，烏江亭長開著船及時趕到。

江東雖小，卻有上千里土地，數十萬民眾，足夠大王稱霸一方，希望大王趕快上船！即便漢軍趕來，他們也追不上！

項羽有沒有上船呢？他不但沒有上船，反而選擇自刎，一代霸王就這樣命喪烏江。

頭可斷，血可流，誓死不低頭！

項羽明明有機會渡江逃跑,那麼為何不選擇逃跑呢?主要有兩個原因:

一、項羽將自己的戰敗歸咎於上天想讓他滅亡。做為一個注定要滅亡的人,苟且偷生對他而言是一種恥辱;

寧願死得氣壯山河,
也不願屈辱地活著!

二、當初他率領八千江東子弟渡江滅秦,如今幾乎被打成光桿司令,他感覺沒臉見江東父老。

是我對不起
父老鄉親!

針對項羽烏江自刎一事，唐代詩人杜牧寫過一首詩，名叫〈題烏江亭〉，其中有兩句是這麼寫的：江東子弟多才俊，捲土重來未可知。我們不禁要問：倘若項羽願意渡江，他真能如杜牧所言可以捲土重來嗎？事實上，當時項羽大勢已去，他在人生巔峰之際尚且不能消滅劉邦，在現在這種情況下又豈能消滅他呢？所以說，捲土重來的可能性微乎其微。不過，項羽畢竟戰無不勝，江東又是他的大本營，如果他不自殺，像三國時期的孫權一樣割據江東倒不是問題。

我沒有敗給別人，我只是敗給了自己！

2

衛青

一條鹹魚的逆襲之路

自從漢高祖劉邦建立大漢王朝以來，一天不鬧事就皮癢的匈奴人一直讓大漢頭疼不已。

　　不過，大漢也有個讓匈奴人頭疼不已的人，這個人就是從鹹魚一路逆襲成為大將軍的衛青。

生死看淡，
不服就幹！

衛青的一生可謂是芝麻開花節節高，且大致可以分為三個階段：

一、卑賤的私生子

衛青的爸爸名叫鄭季，是縣裡的一個小主管，平時待在平陽侯家打工。

鄭季是個撩妹高手，雖然家裡有老婆，卻喜歡在外面偷吃。

有一年，鄭季勾搭上平陽侯家的婢女，還把人家的肚子搞大了。

十個月後，婢女生下一名男嬰，而這名男嬰就是衛青。

小知識

衛青的爸爸姓鄭，問題來了，為什麼衛青姓衛呢？難道衛青隨的是媽媽的姓？其實，並非如此！因為他的媽媽不姓衛，史書上稱她為「衛媼」，是因為她前夫姓衛。「衛媼」這個稱呼相當於叫她衛太太、衛夫人。衛青之所以姓衛，是他同母異父的姊姊衛子夫後來受到漢武帝的寵幸，家人為了讓他能沾到姊姊的光，才讓他冒充衛姓。

孩子，我們不靠爹，靠姊姊！

下次老師再出作文作業，我不寫〈我的爸爸是主管〉了，我要寫〈我的姊姊是皇妃〉，肯定能拿全校第一！

小時候，衛青被爸爸帶回鄭家，讓他天天在草地上放羊。
同父異母的哥哥們都不把他當兄弟，將他當成奴隸一樣對
待。

我把你們當兄弟，你們卻把我當奴隸！

野種不配做我們的兄弟！

後來，衛青在甘泉宮遇到一位會看相的犯人。犯人十分驚訝
地對他說：「閣下是貴人，將來一定能封侯！」他卻苦笑道——

婢女生的兒子能不天天挨打受罵就心滿意足了，封侯這麼好的事哪裡會輪到我呢？

不信走著瞧！

長大後，衛青做了平陽侯家的騎兵，整天跟在平陽侯曹時的老婆、漢武帝的姊姊平陽公主屁股後面當保鏢。

　　此刻，衛青恐怕想都不敢想，他的女主人將來有一天會成為自己老婆。

有一年，集萬千寵愛於一身的衛子夫懷上龍種。

皇后陳阿嬌既不受寵，又沒有為漢武帝生下一兒半女，因此非常嫉妒衛子夫。她的媽媽大長公主為了替她出氣，便拿衛青當出氣筒。大長公主是個心狠手辣的女人，先逮捕衛青，然後想殺掉他。

多虧不怕死的死黨公孫敖帶著一幫壯漢把衛青救了出來，不然恐怕小命不保。

好兄弟，
講義氣！

漢武帝聽說衛青在大長公主那裡受委屈，立刻替他升職加薪，且從此對他「寵幸」有加。

有姊夫罩著，今後沒人再敢動你一根指頭！

二、乘風破浪的大將軍

不可否認，衛青能受到漢武帝「寵幸」，與他是衛子夫的弟弟有關。但也不可否認，衛青確實是一位難得的將才。

沒本事，別人想拉你一把，都不知道你的手在哪裡！

在軍事方面，衛青有哪些輝煌的戰績呢？舉幾個例子。

看完後，不要太崇拜我喔！

有一次，漢武帝派衛青、「飛將軍」李廣、騎將軍公孫敖，以及輕車將軍公孫賀各帶領一萬騎兵，分別從四個地方出兵討伐匈奴。

　　由於匈奴人多勢眾，結果李廣被活捉，公孫敖折損七千名士兵，公孫賀一無所獲，只有衛青斬殺數百名匈奴人，大勝而歸。

沒有比較，
就沒有傷害！

漢武帝為了獎勵衛青，封他為關內侯。
衛青封侯這事恰好被當初替他看相的犯人說中了。

你是矇對的吧？

你這是懷疑我的專業能力嗎？

還有一次，衛青攻打匈奴的右賢王，俘虜他的十幾個小王子，且活捉一萬五千多個匈奴人，繳獲近百萬頭牲畜。

這次收穫頗豐啊！

凱旋後，漢武帝不但封衛青為大將軍，還將他三個年齡尚小的兒子封了侯。

衛青一生曾七次攻打匈奴，斬獲五萬多個匈奴人，因功獲得食邑一萬一千八百戶，成為名副其實的萬戶侯。三個兒子因為老爸，每人獲得食邑一千三百戶，他家的食邑加起來高達一萬五千七百戶。

什麼是「食邑」呢？其實就是帝王賜給大臣的封地。大臣有多少食邑，就可以每年徵收多少戶的租稅。例如衛青食邑一萬一千八百戶，意味著他每年能徵收一萬一千八百戶的租稅。擁有這麼多食邑，光靠收租稅就足以讓他成為富豪。

納稅光榮，偷稅、漏稅可恥！

衛青不但是個好將軍，還是個好長官，跟著他混的人之中有九人被封侯，十四人做了將軍。

有福同享，有難同當！

跟對好長官，升職少不了！

三、迎娶白富美的實力派男神

有一年，平陽侯得了重病，決定回自己的封國養病，但做為老婆的平陽公主卻不願和他回去。

平陽侯走後，獨守空房的平陽公主便想改嫁。

姊不是保養品，不值得你擁有！

如果妳做了別人的新娘，我絕口不提曾經的瘋狂！

嫁給誰呢？平陽公主想從列侯中挑選一位如意郎君。於是，她問身邊的人說——

列侯中有沒有既優秀又帥到掉渣的長腿歐巴？

沒有人比得過大將軍衛青！

當平陽公主聽到身邊的人向她推薦衛青時，差點笑到岔氣，她還說——

今時不同往日，大將軍如今已尊貴無比！

衛青出自我家，以前經常跟在我屁股後面當保鏢，我怎麼能嫁給自家的保鏢呢！

大家將衛青一頓猛誇，說得平陽公主恨不得立刻嫁給他。

> 我的意中人是個
> 蓋世英雄，有一
> 天他會踏著七彩
> 祥雲來娶我！

　　怎樣才能嫁給衛青呢？平陽公主不方便直接向漢武帝請求
賜婚，便透過衛青的姊姊衛子夫替自己向漢武帝請求。
　　漢武帝當然樂意成全自己的姊姊，所以很快下令讓衛青娶
了平陽公主。

> 恭喜夫君迎娶
> 白富美，走上
> 人生巔峰！

> 能夠娶到公主
> 是我八輩子修
> 來的福氣！

衛青與平陽公主結婚後，日子過得甜如蜜，兩人死後還被
合葬在一起。

3

霍去病

匈奴未滅，何以為家？

在漢代，一提到兩個人的名字，匈奴人就瑟瑟發抖。除了大將軍衛青，另一個便是衛青的外甥霍去病。

霍去病的媽媽名叫衛少兒，是衛子夫、衛青的姊姊。她的私生活十分混亂，特別喜歡和男人鬼混。

衛少兒在平陽侯家做婢女時，曾和平陽侯家的工讀生霍仲孺有一腿，還懷上了他的孩子，就是霍去病。

儘管有了孩子，但衛少兒和霍仲孺沒有去戶政事務所登記結婚。

等到霍仲孺離開平陽侯家後，兩人從此不再來往，而霍仲孺很快組建了新家庭。

與霍仲孺分手後，衛少兒仍死性不改，又和一個叫陳掌的男人勾搭在一起。

你這人嘴挺甜的，讓我嘗一下可好？

那當然！口感相當不錯呢！

和陳掌交往一段時間後，衛少兒覺得陳掌是她的菜，便帶著霍去病嫁給陳掌。

恭喜你要當爹了！

這是要娶一送一的節奏啊！

自從衛子夫受到漢武帝的寵幸後，親戚們都跟著沾光。當然，也包括她的外甥霍去病，所以霍去病十八歲時便能在皇宮謀得一份美差。

常在皇宮走，
升官不用愁！

霍去病勇猛過人，且擅長騎射，深受漢武帝器重。漢武帝曾想親自教他學習「兵聖」孫武、「戰神」吳起的兵法，而他卻說──

打仗只看謀略，
學那玩意兒幹嘛？

此刻，我竟
無言以對！

有一次，漢武帝為他建造一棟別墅，讓他去看看，他卻說——

匈奴未滅，何以為家？

捨小家，為大家，有志氣！

你知道霍去病的理想是什麼嗎？沒錯，就是打匈奴，且把匈奴人打得死去活來。

匈奴人就像轉不動的陀螺——欠抽！

大漢人就像老和尚的木魚——天生挨打的貨！

十八歲時，霍去病曾兩次率領區區幾百人深入大漠進攻匈奴，且功勞在全軍中每次都是第一名。漢武帝很高興，立刻替他封侯。

小夥子，年少有為啊！

都是託陛下的福！

三年後，漢武帝任命霍去病為驃騎將軍，讓他率領一萬騎兵再次討伐匈奴。

途經平陽時，霍去病決定去見一見未曾謀面的父親霍仲孺。

我的老父親，你是我最想見的人！

父子倆一見面，霍去病「撲通」一聲跪下。

　　雖然霍仲孺知道霍去病是他兒子，但畢竟兒子是將軍，所以也「撲通」一聲跪下，還給兒子磕了幾個響頭。

　　隨後，父子倆抱在一起哭成了淚人。

感謝父親給予了我生命！

不用客氣！你不過是我年輕時和你媽一時的衝動而已！

離開前，霍去病還為霍仲孺購買很多豪宅、田地和奴婢。

是時候讓您老享享清福了！

有你這樣的大孝子，我死而無憾了！

這次征討匈奴，霍去病依然大獲全勝，並斬獲八千九百多個匈奴人，因功得到食邑二千二百戶。

天生將種，出手不凡！

霍去病短暫的一生中，一共六次攻打匈奴，卻斬獲十一萬多個匈奴人，解除了匈奴對大漢王朝的威脅。他曾四次被加封，食邑累計高達一萬五千一百戶。無論是戰功，還是得到的賞賜，都超越了舅舅衛青。

但可惜的是，霍去病在二十四歲時便因病去世。不然，他將大有作為，且會成為匈奴人永遠的噩夢。

聽說霍去病英年早逝，漢武帝十分悲痛，不但讓他陪葬在自己的陵墓旁，還將他的墓修建成祁連山的樣子，以表彰他攻打匈奴建立的功勳。

> 我們雖然不能控制生命的長度，卻可以控制生命的寬度，不是嗎？

4

蘇武

想讓我投降，除非公羊生羊羔

每個朝代都會湧現出一大批可歌可泣的愛國青年，但像蘇武這種經歷無數磨難，依然初心不改的人卻世間少有。

在蘇武生活的時代，漢朝與匈奴幾乎是三天一小打、五天一大打。

俗話說，知彼知己，百戰不殆。為了了解對手，漢朝與匈奴經常互派使者。

自古以來，兩國交兵，從不為難使者。不過，匈奴人太不講道理了，一連扣留漢朝十幾批使者。

漢朝便以其人之道還治其人之身，同樣扣留匈奴的大批使者。

且鞮侯單于即位後，由於地位不穩，擔心漢朝會到匈奴砸場子，為了向漢朝示好，便將扣留的漢朝使者一股腦兒全放了。

俗話說，來而不往非禮也。於是，漢武帝便任命蘇武為中郎將，帶著張勝、常惠等一百多人護送匈奴使者回匈奴，還帶了不少禮物給匈奴。

且鞮侯單于是那種給點陽光就燦爛、給把梯子就上天的人。見漢朝送他很多禮物，還以為漢朝怕他，所以囂張到不行。

　　囂張歸囂張，但他沒有為難蘇武等人。正當他打算派人護送蘇武等人回國時，蘇武手下的張勝卻捅婁子了。

真是個豬隊友！

當時，身在匈奴的緱王與虞常打算造反，想送上一份大禮給漢朝，便密謀劫持且鞮侯單于的母親一起返回漢朝。

虞常與張勝曾是好哥們，當虞常聽說張勝身在匈奴時，便悄悄去拜訪，並對他說——

聽說皇帝非常憎恨衛律，我能替皇帝除掉他！

我母親和弟弟都在漢朝，所以希望他們能夠得到獎賞！

當然沒問題！

小知識

衛律是誰呢？漢武帝為何會憎恨他呢？其實，衛律是匈奴人，但他在漢朝長大，且與音樂家李延年關係不錯。多虧李延年的推薦，他才有機會出使匈奴。然而，正當他準備從匈奴回國時，李延年家因為犯罪被滅族，衛律擔心受到牽連，便投降匈奴，還幫助匈奴對付漢朝，因此被封王。所以，漢武帝對他恨之入骨。

張勝不但大力支持虞常，還贈送給他不少財物。

祝你旗開得勝！

你就等我的好消息吧！

有一天，且鞮侯單于外出打獵，留媽媽一人在家。緱王、虞常正要下手，不料卻被叛徒出賣了。

且鞮侯單于得到消息，立刻發兵收拾他們，結果緱王被殺，虞常被活捉。

敢打我媽的主意，你們兩個是吃了熊心豹子膽嗎？

是又怎樣！

張勝聽說虞常被抓，擔心虞常會把自己供出來，連忙將他與虞常的密謀告訴蘇武。

大家恐怕會
被你害死！

一旦張勝被供出來，蘇武一定會受到牽連。他認為與其受辱和給國家丟臉，倒不如自我了斷更體面，於是拔劍便要自殺，好在被張勝、常惠給攔住了。

先別急著投胎，
看看情況再說！

怕是凶多吉少！

真是怕什麼來什麼，虞常果然把張勝供了出來。

且鞮侯單于很生氣，本來想把漢朝的使者全部殺掉，經手下人勸說才決定派衛律去勸降他們。

沒想到蘇武不但不肯投降，還拿佩刀朝自己身上捅了一刀。

為國捐軀，
雖死猶榮！

衛律大吃一驚，連忙開著救護車將蘇武送往醫院。經過一番搶救，蘇武才漸漸脫離生命危險。

要不是我救你，你就去閻羅王那報到了！

誰讓你救我了？真是灶王爺掃院子──多管閒事！

且鞮侯單于素來欽佩這種視死如歸的愛國青年，所以更想讓蘇武為他打工，便派衛律繼續勸降。

愈是得不到的東西，我愈想得到！

這是病，得治！

衛律為了嚇唬蘇武，先殺掉虞常，然後又要殺張勝。
張勝是個膽小鬼，二話不說投降了。

張勝已經投降，你要是再不投降，我就送你下地獄！

怕你不是好漢！

衛律見蘇武仍然不願投降，便拿劍假裝要把他捅成篩子，但他卻不躲閃，衛律只好快快不悅地收回劍。

衛律見硬的不行，便來軟的，想透過榮華富貴來誘降蘇武。

我背叛漢朝，投降匈奴，被封為王，擁有兵馬數萬，牛馬滿山！如果你今日投降，明日就能像我一樣，擁有享不盡的榮華富貴！

不稀罕！

這下卻把衛律氣糊塗了，本想再度恐嚇蘇武，結果一張嘴卻打了自己的臉。

如果你投降，我們就是兄弟；如果你不聽勸，今後再想見到我可就難了！

你做為漢臣卻背叛陛下，投降匈奴，我見你這種不忠不孝的人幹嘛？

與此同時，蘇武已經做好殉國的準備，便對衛律說──

昔日南越國殺害漢朝使者被滅國，成為漢朝的九個郡；大宛王殺害漢朝使者，他的人頭被掛在皇宮的北門，供人免費參觀；朝鮮殺害漢朝使者，很快就滅亡了。如果你想讓匈奴也完蛋，就從殺我開始吧！

真是比驢還倔強！

該用的招都用過了，但蘇武依然不肯投降，衛律只好如實上報給且鞮侯單于。

　　且鞮侯單于很失望，便派人將蘇武扔進地窖，不給他食物，打算一直餓到他屈服為止。

要嘛投降，要嘛餓死，你自己選！

我寧願餓死，也不投降！

當時，天降大雪。蘇武饑餓難耐，只好靠吃雪和氈毛來維持生命。

在沒有食物的情況下，蘇武依然撐了很多天。

匈奴人還以為蘇武是神呢，便把他從地窖中放出來，扔到荒無人煙的北海（今貝加爾湖），還給他一群公羊，故意刁難他說——

什麼時候公羊生羊羔了，你才能回國！

哼！想讓我投降，除非公羊生羊羔！

在北海，要吃的沒吃的，要喝的沒喝的，也叫不到外送。如何才能填飽肚子呢？這時，蘇武打起野鼠的主意。

野鼠過冬喜歡儲藏食物，蘇武便挖開野鼠的洞穴，將野鼠儲藏的草籽全部拿出來充饑。

我這是迫不得已啊！

兄弟，做得過分了！這大冬天的，你讓我還怎麼活？

就這樣一過就是五、六年，直到單于的弟弟到北海打獵時碰到蘇武，給他一些衣服和食物，他的生活才有所好轉。

　　儘管蘇武寧死不降，但單于始終沒有放棄勸降他，所以過了很久又派蘇武曾經的好朋友李陵去勸降。

小知識

李陵是「飛將軍」李廣的孫子，此前，他曾率領五千士兵大戰匈奴，由於寡不敵眾而被迫投降。李陵之所以不自殺殉國，是因為他不想就這麼窩囊地死去，所以才選擇投降，以待日後尋找機會報效國家。怎奈漢武帝聽信謠言，誤以為李陵投降後一直在幫助匈奴人練兵對付漢朝，一氣之下，滅了李陵三族。李陵聽說家人全部被殺，十分氣憤，便徹底投降匈奴。單于非常器重他，不但把女兒嫁給他，還封他為王。

希望你能拿下蘇武！

只怕希望愈大，失望愈大！

李陵剛投降匈奴時，一直不敢去見蘇武。得到單于的命令後，才鼓起勇氣去見他。

你哥哥扶著皇帝的車駕下殿階，因為折斷車轅而受到彈劾，最終拔劍自殺；你弟弟奉命捉拿罪犯，因為沒捉到而喝藥自殺。他們夠不夠慘？

我的兄弟都是皇帝近臣，情願為皇帝肝腦塗地！而我也願意犧牲自己，報效國家，即便是上刀山、下火海也心甘情願！

見到蘇武後，李陵請蘇武喝酒、吃串燒，欣賞歌舞會。其間，他對蘇武說——

當初我離開漢朝時，你母親已經去世，你老婆已經改嫁，只剩下兩個妹妹、兩個女兒和一個兒子，現在還不知道是死是活！你不感覺人生苦短嗎？何必要折磨自己呢？還是投降吧！

不可能！

蘇武見李陵一直勸自己投降，氣呼呼地警告他說：「你要是再勸我投降，我就死在你面前！」

蘇武的愛國之心讓李陵十分敬佩，李陵想到投降匈奴的行為不但害了自己，還害了全族人，追悔莫及，一時間淚如雨下。

與蘇武告別後，李陵覺得沒臉再見蘇武，曾派他老婆送數十頭牛羊給蘇武。

　　後來，李陵聽說漢武帝駕崩，便親自去見蘇武，將消息告訴他。蘇武聽罷，面對漢朝所在的方向放聲痛哭，以致口吐鮮血。

陛下啊，你為什麼說走就走啊！我還沒有見你最後一面呢！

漢武帝的兒子漢昭帝執政期間，匈奴與漢朝曾經有一段蜜月期。

　　其間，漢朝曾向匈奴討要蘇武，沒想到匈奴人卻撒謊說蘇武已經去世。漢朝信以為真，從此不再尋找蘇武。

你現在對漢朝而言，已經是個死人了！

還不是你幹的好事！

過了一段時間，常惠聽說有人出使匈奴，便偷偷去見使者，還把蘇武活著的消息透露給使者，並為使者想到一個解救蘇武的妙計。

你就對單于說，皇帝打獵時曾射下一隻大雁，大雁的腳上繫著一封帛書，說蘇武還活著，就在北海！單于一定會放了他！

這個計策高！

　　漢朝使者依計行事，單于見無法抵賴，只好承認蘇武確實還活著，答應放蘇武回國。

看來這次是留不住你了！

哼，我本來就不屬於這裡！

此刻，蘇武在匈奴已經待了整整十九年，幾乎從一個小鮮肉熬成鬚髮皆白的老臘肉。

當初，跟隨他一同出使匈奴的共有一百多人，而此刻跟隨他回國的僅有九人。

等了好久終於等到今天！

我們的堅持總算沒有白費！

小知識

回國後，蘇武做了外交部長，並獲得二百萬賞錢，公田兩頃，豪宅一處。常惠等三人均被授予中郎之職，每人得到二百匹絹帛。其他六人由於年齡太大，每人賞賜十萬錢，且免除終身徭役。

蘇武回來的第二年，他的兒子卻因為參與謀反被殺，而他也受到牽連被罷官。

你爹都這麼不容易了，你還丟你爸的臉！

後來，漢昭帝駕崩，蘇武因為參與擁立漢宣帝稱帝而被封侯。漢宣帝一向欽佩蘇武，想到他兒子被殺，沒有後嗣，十分憐憫他。

有一天，漢宣帝問左右大臣說──

蘇武在匈奴那麼多年，難道就沒有再婚生子嗎？

沒有調查就沒有發言權，我先去調查一番，再來回覆陛下！

那麼，蘇武有沒有在匈奴再婚生子呢？當然有！他娶的還是一位匈奴女子，並生下一個兒子。

漢宣帝聽說蘇武還有個兒子，比自己有兒子都高興，立刻派人前往匈奴把他贖回來，並封他做官。

陛下的大恩大德，老臣沒齒難忘！

這是你做為一個忠臣應得的！

數年後，蘇武去世，終年八十多歲。

後來，漢宣帝十分懷念曾經輔佐過自己的大臣，便將他們的畫像掛在麒麟閣中，用來表彰他們的美德。當時，只有十一位大臣擁有這種高規格的待遇，其中就包括蘇武。

人生如白駒過隙，你要讓自己的經歷配得上享受的待遇！

5

祖逖

明人不說暗話，我只想北伐

相信大家都聽說過「聞雞起舞」這個十分勵志的成語，但你知道這個故事中的男主角是誰嗎？他就是晉朝名將祖逖。

靠一個成語紅了一千多年是一種什麼體驗？

爽歪歪！

祖逖打小就喜歡做慈善活動，而且特別低調，喜歡做好事不留名。

愛心點點，溫暖人間！

但很難想像祖逖在十四、五歲時竟然還是個對學習一點都不感興趣的學渣。

　　不過，長大後他卻像變了個人似的，突然愛上學習。

萬般皆下品，
唯有讀書高！

　　成為學霸的他，不但博覽群書，而且博古通今，當時的人都誇他擁有輔佐帝王治理天下的才能。

未來封侯拜將
不在話下！

那是當然！

後來，祖逖與死黨劉琨在同一個地方做官，且住在同一間員工宿舍。一天半夜，祖逖聽到雞鳴，一腳踢醒正在作美夢的劉琨。

每天叫醒我的不是鬧鐘，也不是理想，而是室友的無影腳！

祖逖為何要擾人清夢呢？原來，他是為了叫劉琨一起練劍。唯有練就一身武藝，才能建功立業，報效國家。

這就是「聞雞起舞」的故事。

和我一起舞起來！

一起舞出生命的精采！

祖逖與劉琨都有豪邁之氣，且經常一起談論國家大事。別看兩人都是素人，卻時常互相鼓勵說——

如果天下大亂，群雄並起，你我二人應當在中原幹一番轟轟烈烈的事業！

英雄所見略同！

沒過多久，被祖逖和劉琨的烏鴉嘴說中了，果然天下大亂。這場戰亂是由西晉皇族內部的八個諸侯王為爭奪中央政權而引發的，史稱「八王之亂」。

當時，八個諸侯王都搶著聘請祖逖為他們打工。

替我打工，公司送車、送房！

替我打工，公司配保姆，且包分配老婆！

「八王之亂」致使朝廷變成弱雞，以致無法控制全國，進而引發更具毀滅性的「五胡亂華」。

　　很快，西晉王朝不但丟掉半壁江山，就連都城洛陽都搞丟了，朝廷只好遷都長安。當時，琅琊王司馬睿剛在江南站穩腳跟，祖逖便立刻懇求北伐，收復失地。

晉王室動亂，不是因為皇帝昏聵，而是因為諸侯王爭權奪利，自相殘殺，這才給了胡人可乘之機，致使他們危害中原！

如今百姓受到欺凌，人人都有報國之志，如果大王能派遣像我這樣的人當統領，豪傑們必定紛紛回應，復國雪恥就有希望了！

當時，敵人各個凶殘，司馬睿即便有心北伐，但也沒那個膽。

為了打發祖逖，司馬睿便任命他為奮威將軍兼豫州刺史，但只撥給他僅夠一千人吃的糧食，三千匹布，還不給他打仗用的鎧甲和兵器。

我就這麼多家當，全給你了！沒有的，只能靠你自己籌集了！

這世上還能找到比你更摳門的人嗎？

雖然等同於一無所有，但北伐的熱情沒有讓祖逖退縮。從此，祖逖便開啟了他的北伐之路。

渡江北上期間，祖逖還曾用力拍擊船槳，發誓說──

我祖逖如果不能掃平占領中原的敵人，就像這條大江的水一樣有去無回！

渡江後，祖逖立刻鑄造兵器，組建北伐團隊。

雖然團隊人員有限，卻不妨礙祖逖大殺四方，打得敵人屁滾尿流。

知道祖逖當時有多厲害嗎？就連十六國中後趙的開國皇帝石勒都怕他怕得要命。

為了討好祖逖，石勒還曾派人將他母親的墓修葺一番。

後來，西晉被胡人滅掉，司馬睿在江南稱帝且建立東晉王朝。

　　正當祖逖準備繼續北伐時，東晉王朝內部卻發生兩件讓他十分悲憤的事。

第一件事：朝廷為祖逖空降一位叫戴淵的頂頭上司。

小知識

祖逖認為戴淵雖然有才，卻缺乏遠見，無助於北伐。此外，他披荊斬棘，打了無數場仗才收復黃河以南的疆土，而戴淵什麼屁事都沒幹，竟然輕輕鬆鬆成為他的頂頭上司，誰不生氣？

別人辛辛苦苦打下來的江山憑什麼交給你管？

這就是命！

第二件事：朝中大臣窩裡反。

祖逖擔心窩裡反會引發內亂，影響北伐。

一旦發生內戰，朝廷哪還有心思和精力去北伐！

　　一想到自己北伐的願望將要落空，祖逖心中便憤憤不平，也因此罹患重病。

蒼天無眼啊！

不久，祖逖便去世了，享年五十六歲。

我死不瞑目！

岳飛

撼山易，撼岳家軍難

南宋時期，如果比誰更愛國，恐怕沒有多少人能超越精忠報國的岳飛。

千言萬語匯成一句話：
愛我中華！

今天，我們就來看看岳飛是如何一步步成為人人敬仰的大英雄，他短暫的一生又經歷了什麼。

我的一生不但有故事，
還有事故！

一、英雄降生

岳飛祖上世世代代都是農民，他出生的那一天，有一隻像天鵝一樣的大鳥從他家屋頂上鳴叫著飛過，所以家人為他取名岳飛。

這孩子將來一定能一飛沖天！

岳飛還沒滿月時，曾發生過一件非常神奇的事。

當時，家鄉發生一場超大洪水，很多人被淹死。但他卻如有神助一般，與媽媽一起躲在大缸裡，因為被大浪沖到岸上而躲過一劫，聽到這個消息的人無不驚訝。

我的天哪！妳和妳家小岳岳真是福大命大！

多虧神仙保佑！

岳飛打小就志向遠大，雖然不愛說話，卻喜歡讀書，尤其喜歡讀《左氏春秋》，以及孫武和吳起撰寫的兵書。

學好歷史和兵法，走遍天下都不怕！

岳飛和項羽一樣天生神力，尚未成年便能拉開三百斤的弓和八石的弩。

我想挑戰你！

看來你對我的力量一無所知！

岳飛曾向神箭手周同學習箭法，
並盡得他的精髓。

我能左右開弓，
且百發百中！

周同死後，岳飛每到初一、十五都會去他墳前祭奠。
爸爸認為岳飛有情有義，便問他說——

如果將來有一天
國家需要你，你
能成為為國捐軀
的忠義之人嗎？

當然能！

二、初露鋒芒

有一年，真定宣撫使招募勇士，岳飛二話不說報名，從此開始軍旅生活。

男人就該爭做
好兒郎，保家
衛國增榮光！

當時，相州有一幫強盜整天殺人越貨，無惡不作，官府拿他們沒辦法，而岳飛卻主動請纓要滅了他們。

今天，我要
為民除害！

怕你一個新兵
菜鳥不成？

岳飛打仗從來不喜歡硬碰硬，只喜歡智取。他先派一部分士兵偽裝成過路的商人，送上門讓強盜搶。正如岳飛所料，強盜搶劫後，還將士兵全部編入他們的隊伍。

你們這麼缺人，怎麼不多招聘點員工呢？

當然是怕沒人敢來應聘呀！

隨後，岳飛又派一百名士兵埋伏在山下，親率數十名騎兵跑到強盜的老巢向他們挑戰。

　　岳飛與強盜交戰不久，假裝敗逃。強盜大喜，立刻前去追擊，結果一到山下就被岳飛的伏兵與被強盜編入隊伍中的士兵裡應外合，打得滿地找牙。

　　此戰，岳飛輕鬆活捉強盜首領，並消滅這幫強盜。

岳飛的出色表現讓他在軍隊中不斷獲得升遷，例如，他曾因為招降賊寇而被任命為承信郎，因斬殺金朝大將而被提拔為秉義郎。

錐子放進布袋裡，總有脫穎而出的一天！

岳飛用兵如神，就連他的頂頭上司宗澤對他也是佩服得五體投地。

你智勇雙全，即便是古代良將也難超越！

長官謬讚了！

不過，宗澤還提出一個「小缺點」給岳飛，但岳飛的回答卻讓他更加欽佩。

你喜歡野戰，卻不是萬全之計！

不不不！擺好陣仗再開戰，那是一般的用兵法則。要把兵法運用得爐火純青，全在於將領心中對戰爭的準確判斷！

後來，北宋的都城汴京（今河南開封）被金軍給一鍋端了。更悲摧的是，宋徽宗、宋欽宗、妃嬪、宗室、大臣等數千人也被金軍擄走。這事被稱為「靖康之變」，北宋也因此滅亡。

靖康恥，猶未雪。臣子恨，何時滅！

不久，躲過一劫的康王趙構在南京應天府（今河南商丘）稱帝，史稱「宋高宗」。由於國號仍為「宋」，史稱「南宋」。

宋高宗一即位，岳飛立刻上書，一邊怒懟朝中那幫勸宋高宗不戰而逃的軟蛋，一邊勸宋高宗御駕親征。

岳飛也是替國家著想，哪知道朝廷卻以小官越職言事的罪名罷免他的官職，還將他趕出軍隊。

你被炒魷魚了！

此處不留爺，
自有留爺處。
處處不留爺，
爺去住別墅！

　　岳飛豈會那麼容易被趕出軍隊，不久，他換了地方重新參軍，且受到重用。

優秀的人到哪都
能發光發熱！

三、精忠岳飛

有一年，五十萬賊寇圍攻南薰門，而岳飛手下當時只有八百人。

數學好的都知道，這意味著一個人要打六百多人，所以大家都十分害怕，而岳飛卻說——

我可以為大家擊敗敵人！

你的數學是體育老師教的嗎？

說罷，岳飛左手持弓，右手持矛，獨自衝入敵軍陣營，殺得敵軍大敗而逃。

這下總信了吧？

信了信了！有你在，抵得過百萬雄兵！

不久，岳飛的頂頭上司準備撤軍回建康，但岳飛卻極力反對。

可惜反對無效，岳飛的頂頭上司還是帶著大部隊撤走了。更可惡的是，此人不久還投降金軍。

沒過多久，金朝大將完顏宗弼向杭州進軍，結果遭到岳飛截擊。兩人打了六個回合，完顏宗弼硬生生一次都沒贏。

你讓我今後還怎麼在軍界混？

我要是你，早跳茅坑裡自殺了！

　　岳飛的名氣愈打愈響亮，不管是金軍還是賊寇，都怕他怕得要死。

　　當時，替金軍打工的中原士兵，一見到岳飛的軍隊便紛紛前來投誠，還興奮地互相轉告說：「這就是岳爺爺的軍隊！」

投誠請認岳爺爺，準沒錯！

岳氏投誠有限公司

你這是在免費替岳爺爺打廣告嗎？

賊寇一聽說岳飛要來，各個躲得連他們親爹、親媽都找不到。

　　那些免遭賊寇騷擾的老百姓，家家戶戶都將岳飛的畫像像神一樣供起來。

拜岳飛，家裡不遭賊！

　　如果哪座城樓上插著帶有「岳」字的旗子，沒一個人敢去砸場子。

誰敢砸岳飛的場子，就是雞鬥黃鼠狼——送死！

南征北戰的過程中，岳飛逐漸建立起一支驍勇善戰的軍隊，就是令敵人聞風喪膽的「岳家軍」。

　　岳家軍軍紀嚴明，即便挨餓受凍都絕不拿群眾一針一線。他們有個口號叫——

凍死不拆屋，
餓死不擄掠！

餓死不擄掠

凍死不拆屋

　　岳家軍對敵人究竟有多大的震懾力呢？我們來舉個例子。

　　有個叫曹成的賊寇，坐擁十多萬人馬，一聽說岳家軍要收拾他，他不是想著如何應戰，而是毫不猶豫地抱頭鼠竄。

不和大神硬碰硬，
無法傷敵還送命！

當戰功赫赫的岳飛進京面聖時，宋高宗送他一面錦旗。宋高宗還在錦旗上親自書寫上四個大字：精忠岳飛。

確認過眼神，你是對祖國最忠誠的人！

不久，完顏宗弼到大宋踢館，宋高宗立刻派岳飛前去抵禦。

岳飛一打出「岳」字旗和「精忠」旗，金軍當場嚇到閃尿，且被打得一敗塗地。

撼山易，撼岳家軍難！

三十三歲那年，當岳飛再次回京面聖時，他媽媽姚太夫人被封為國夫人，而他也因功封侯。

我只想報效國家，封不封侯的，我不在乎！

好樣的！

宋高宗對岳飛非常信賴，還曾說——

有你這樣的大臣，我還有什麼可憂慮的呢？

大宋中興的重任就全靠你了！

一定不辜負陛下對我的重託！

四、功虧一簣

　　金軍唯獨懼怕岳飛，便設下陷阱，想集中兵力一舉滅掉岳飛，不過他們的計謀卻被岳飛一眼識破。

隨後，岳飛便派岳家軍向金軍挑戰。岳家軍各個口吐芬芳，將金軍的祖宗十八代都問候一遍，氣得金軍要與岳家軍拚命，恰好中了岳飛的引蛇出洞之計。

我叫你一聲「笨蛋」，你敢答應嗎？

你敢叫，我就敢打你！

就在兩軍交戰期間，岳飛曾派兒子岳雲殺入金軍陣中，岳飛還告誡他說──

不能取勝，我先殺了你！

如果不能取勝，不用麻煩父親動手，我自己殺了自己！

雙方大戰數十回合，岳家軍殺得金軍屍橫遍野，大敗而逃。

　　這場戰役中，完顏宗弼為了除掉岳飛，連他的特種部隊「拐子馬」都用上了。據說，拐子馬的成員各個身穿重甲，三人為一組，且用皮繩連在一起。雖然拐子馬的殺傷力大，卻被岳飛看出破綻。岳飛讓步兵用麻扎刀專砍他們的馬腿，由於拐子馬被皮繩連在一起，一匹馬倒下，剩餘兩匹馬也無法行動。結果，岳家軍殺得拐子馬潰不成軍。完顏宗弼見狀，大哭道：「我從海上起兵以來，都是靠拐子馬取勝，今天全完了！」

此刻的我，比憤怒鳥還憤怒！

那又能奈我何？

不久，岳飛派出他的特種部隊 —— 背嵬軍。

背嵬軍是岳家軍中最精銳的一支部隊，岳飛僅用五百名背嵬軍便擊敗完顏宗弼的十萬大軍，嚇得完顏宗弼狼狽地逃回汴京。

完顏宗弼為了挽回點顏面，打算強迫河北地區的壯丁對抗岳飛，卻沒人搭理他。於是，滿是挫敗感的他感嘆道——

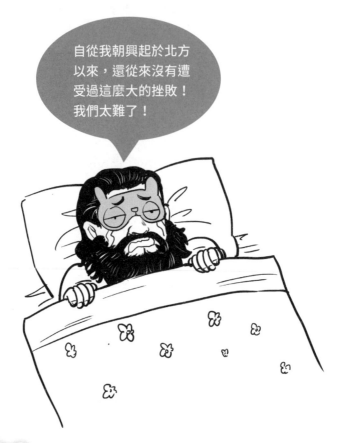

自從我朝興起於北方以來，還從來沒有遭受過這麼大的挫敗！我們太難了！

當時的形勢對南宋十分有利，如果宋軍想收復中原，指日可待。然而，就在岳飛打算繼續北伐時，主張與金軍議和的大奸臣秦檜卻百般阻撓，甚至鼓動宋高宗召回岳飛。

宋高宗和秦檜是一路貨色，為了召回岳飛，宋高宗甚至一天之內連發十二道金牌。

岳飛自知北伐無望，失聲痛哭道——

就在岳飛準備撤軍時，當地的老百姓淚流滿面地拉住他的
坐騎並挽留道——

岳飛只好悲痛地拿出聖旨，替老百姓解釋自己的苦衷。

老百姓見撤軍已成定局，一時間哭聲震天。

看著無助的老百姓，岳飛決定再停留五天，直到將他們遷移到安全的地方才放心離開。

當時，完顏宗弼還不知道岳飛將要撤軍，本想放棄汴京跑路，卻被一個賣國的書生給攔住了。

先別著急跑路，岳飛馬上就會退兵！

他用五百人擊敗我十萬大軍，汴京的老百姓又日夜盼望著他來，我哪裡還守得住！

自古以來，沒有權臣在內把持朝政而大將還能在外建功立業的！岳飛能不能自保都難說，更別說建功立業了！

一語驚醒夢中人啊！

書生的一席話讓完顏宗弼恍然大悟，他立刻改變主意。

沒過多久，完顏宗弼果然聽說岳飛撤軍了，立刻派人占領他千辛萬苦收復的土地。

岳飛見宋高宗不支持北伐，又聽說辛辛苦苦收復的失地被金軍搶去，內心十分悲憤，於是上書請求解除自己的兵權，但宋高宗死活不批准。

五、千古奇冤

完顏宗弼心裡清楚，指望自己是殺不了岳飛的，想要除掉岳飛，還得借秦檜的手。於是，他寫了一封信給秦檜說——

想和我們議和，除非殺掉岳飛！

我也這麼認為！

岳飛一向痛恨秦檜這種賣國賊，只要他活著，秦檜就不會有好果子吃。

為了議和，同時也為了自身利益，秦檜決定除掉岳飛。

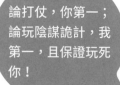

論打仗，你第一；論玩陰謀詭計，我第一，且保證玩死你！

劣幣驅逐良幣，你好卑鄙！

怎樣才能除掉岳飛呢？據說，秦檜經常和老婆王氏一同想壞主意。後來，還真讓他們夫妻想到了。

秦檜先指使諫議大夫万俟卨彈劾岳飛，然後又派狗腿子張俊誣陷他。

有了罪名，秦檜便以此為藉口將岳飛、岳雲父子抓了起來。

秦檜派人審訊岳飛時，岳飛撕開衣服給主審官看，只見他背上赫然刺著四個大字：盡忠報國。

這樣的人會貪戀權力、背叛國家嗎？

是啊，說出來鬼都不信！

小知識

你是不是以為岳飛背上刺的是「精忠報國」？事實上並非如此。《宋史・岳飛傳》明確記載，他的背上刺的是「盡忠報國」。那麼，為何大家都說是「精忠報國」呢？因為後人將宋高宗賜給他的錦旗上的「精忠岳飛」與「盡忠報國」混為一談，再加上一些戲曲、小說的演義，就漸漸誤傳成「精忠報國」。

主審官審來審去，卻始終沒有找到罪證，便上奏說岳飛是清白的。

　　秦檜當然不甘心，於是又派万俟卨去審岳飛，審來審去也同樣沒有找到他的罪證。

找不到罪證就無法給岳飛定罪，怎麼辦呢？秦檜決定給他羅織一些罪名。最終，岳飛以莫須有的罪名被斬殺於鬧市，死時年僅三十九歲。

小知識

岳飛死後，被埋葬在杭州西湖旁邊的棲霞嶺。在岳飛墓前，至今還跪著四個害死他的人的銅像，分別是秦檜、王氏、万俟卨和張俊。

目測你們要跪到天荒地老！

金軍聽說岳飛被冤殺後是什麼反應呢？當時有個人正出使金朝，他將金軍的反應如實上報給了宋高宗。他說——

金人唯獨懼怕岳飛一人，甚至叫他岳爺爺！金軍聽說岳飛被殺，無不舉杯慶祝！

唉！草率了！

直到岳飛去世很多年後，朝廷才替他平反，並追封他為鄂王。

正義也許會遲到，但永遠不會缺席！

7

于謙

粉骨碎身渾不怕，要留清白在人間

杭州西湖這個旅遊景區旁，至今還埋葬著被譽為「西湖三傑」的三位古代英雄，分別是抗金名將岳飛、抗清名將張煌言，以及今天要講的明代名臣于謙。

于謙和岳飛一樣都是悲劇英雄，他的一生可以分為三個階段：

一、初入官場

　　于謙七歲時，有個和尚曾替他算命說──

你將來一定會成為拯救國家的宰相！

出家人不打誑語，我信你！

長大後，于謙順利考中進士，做了京官。

有一年，漢王起兵造反，于謙跟隨明宣宗前去征討。漢王是個草包，很快就投降，明宣宗便派于謙當面列舉他的罪狀。

于謙聲色俱厲，滔滔不絕，嚇得漢王趴在地上體如篩糠，連連稱「罪該萬死」。

于謙出色的表現讓明宣宗龍顏大悅，還重賞他。

氣場絕對
高過天！

說起來，于謙還是一位擅長斷案的神探。巡視江西時，一出手就替數百人沉冤昭雪。

神探一出手，
冤案不再有！

當時，于謙見當地官員禍害老百姓，立刻上書請求將他們全部繩之以法。

明宣宗看得出于謙是個可堪大任的人，還曾親手寫下他的名字交給吏部，將他越級提拔。

當時，主持朝政的三位內閣大臣都十分欣賞于謙。他每次上午呈報奏疏，下午就能得到批覆。

你的奏疏，我們給你走綠色通道！

多謝三位大人器重！

二、保衛北京

明宣宗駕崩後，兒子明英宗繼承皇位。明英宗有個壞毛病，喜歡寵信太監，結果導致大太監王振專權亂政。

太監不干政，人生不完整！

王振這人小心眼，喜歡睚眥必報。有一次，有個御史招惹了王振，王振想將他置於死地。巧合的是，這名御史的名字和于謙極其相似，導致王振錯將于謙判處死刑。

你是眼睛不好，還是腦子不好？

都不好，怎麼樣！

過了很久，王振才知道自己整錯人，便將于謙放了出來。
按理說，王振應該向于謙道歉，然而他不但沒有道歉，反而還將于謙給貶官了。

做人不能太無恥！

沒要你的命，你就該偷笑了！

後來，王振還做了一件更愚蠢的事，就是當瓦剌首領也先帶兵鬧事時，他卻勸明英宗御駕親征。

明英宗一聽到御駕親征就激動，很爽快地答應王振。

于謙知道明英宗不是打仗的料，趕緊勸諫，但明英宗卻油鹽不進。

為了吊打也先，明英宗一下子徵調五十萬大軍。

誰知道他一到戰場上不但全軍覆沒，還被也先活捉，而王振也死在亂軍之中。

我們這下成為天底下最可笑的笑話！

明英宗做了俘虜，太后只好讓明英宗的弟弟郕王監國。

郕王連忙召集大臣商量對策，有個大臣說星象有變，應當遷都南方。于謙一聽，當場就爆炸，還說——

主張遷都的人，應當斬首！京城是天下的根本，一旦遷移，大勢去矣！

郕王與群臣都贊同于謙的建議，於是決定死守京城。

小知識

當初，京城的精兵良將全讓明英宗帶走，且幾乎全部陣亡，留下來的都是一些老弱殘兵，加起來還不到十萬人，所以京城中人人恐懼。于謙立刻抽調京城周邊所有能調動的士兵保衛京城，人心才安定下來，于謙因此被提拔為兵部尚書。

有你在，我放心！

你就把心放肚子裡吧！

常言道，國不可一日無君。然而，當時明英宗的長子只有三歲。大臣們認為外敵馬上就要打來，必須有年長的皇帝坐鎮指揮才行。

於是，群臣便懇求太后立郕王為皇帝。雖然太后答應了，但郕王卻不想當皇帝，所以一再推辭。

于謙一出馬，三言兩語便說服了郕王。不久，郕王即位，史稱「明代宗」。

明代宗做了皇帝，明英宗怎麼辦呢？好辦！遙尊明英宗為太上皇。

也先本來想拿明英宗狠狠敲詐大明，不料大明卻立了新皇帝，明英宗瞬間從績優股變成垃圾股。

如意算盤沒打響，也先很生氣，便率軍進攻大明。瓦剌軍勢如破竹，直逼大明的都城北京。

為了擊退也先，于謙帶領大家打響北京保衛戰。

當時，北京有九個城門。于謙派數名大將帶領二十二萬人在九個城門外排開陣勢，而親自帶兵把守在最重要的德勝門，阻擋也先。

北京城固若金湯，就是一隻蒼蠅也休想飛進去！

為了防止士兵臨陣脫逃，于謙還特意下了一條死命令。

兩軍交戰，將領不顧軍隊先退卻者，斬殺將領！軍隊不顧將領先退卻者，後隊士兵斬殺前隊士兵！

這招狠！

將士們心裡清楚，一旦退卻必死無疑，所以無不聽從號令。

你是軍中大哥大，你說幹什麼，我們就幹什麼！

這就對了嘛！

當也先打到北京城下時，原以為能迅速拿下北京城，卻看到明軍嚴陣以待，十分沮喪。

　　也先先用明英宗勒索錢財，然後又邀請于謙等人出城談判，但明代宗不答應，搞得也先更加沮喪。

攻城，拿不下；談判，沒人理，再加上聽說大明的援軍即將趕到，也先害怕被截斷後路，只好帶著明英宗撤退。

占不到便宜，撤！

北京保衛戰大獲全勝，毫無疑問，于謙的功勞最大。明代宗不但任命他為少保，還把所有軍務一併交給他管。

于謙卻推辭說：「戰事不斷，這是大臣的恥辱，我哪裡還敢邀功請賞呢！」明代宗不答應，于謙只好接受。

要是沒有愛卿，我大明恐怕要下臺了！

三、慘遭冤殺

　　明英宗被俘將近一年時，也先見撈不到半點油水，便想向大明求和，並請求送回明英宗。

把太上皇送回去給你們可好？

太上皇豈是你說抓就抓、說送回來就送回來的！

　　大臣們都主張接回明英宗，但有個人卻不贊同，這個人是誰呢？就是明代宗。

這事我不同意！沒商量的餘地！

明代宗為何不贊同呢？因為這時他做皇帝已經做上癮了，擔心一旦明英宗被放回來，自己就無法繼續做皇帝。於是，他對群臣抱怨說——

當初我本來不想做皇帝，都是你們逼我做的！

就在這時，于謙站出來說了一句話，讓明代宗徹底改變主意。

皇位已經是陛下的，這個誰都無法改變！只是按道理應該把太上皇接回來！

聽你的！聽你的！

不久，明英宗就被送回大明。

為了防止明英宗復辟，明代宗將他軟禁在皇宮中且派人二十四小時看管。

在皇宮好好待著，我勸你不要鬧事！

儘管如此，明代宗仍是百密一疏。

有一年，腹黑的石亨、徐有貞等人趁明代宗病重之際，發動政變，將明英宗重新扶上皇位。

與此同時，明代宗被軟禁，不久後去世，于謙被誣陷謀反且被判處死刑。

驚不驚喜，意不意外？

有個叫王文的大臣與于謙一同被判處死刑，王文不甘心被冤殺，因此不斷替自己辯解，而于謙卻笑道——

這是石亨故意陷害我們，再怎麼辯解都沒有用！

看來是跳進黃河也洗不清了！

明英宗何嘗不知道他能夠從瓦剌回來全是于謙的功勞，所以，當他聽說于謙被判處死刑時，並不想殺他，還說：「于謙是有功勞的！」然而，徐有貞卻說——

不殺于謙，復辟就出師無名！

徐有貞的一番話促使明英宗改變主意，不久，于謙被斬殺於鬧市。

于謙被殺時，太后並不知情。當太后聽說後，一連哀嘆數日，而明英宗同樣後悔殺了他。後來，邊關出現戰事，搞得明英宗大傷腦筋，有人趁機對明英宗抱怨道：「如果有于謙在，賊寇哪敢這麼猖狂！」明英宗聽罷，沉默不語。

你難道就不怕被千夫所指嗎？

當然怕！但可惜已經鑄成大錯！

于謙被殺後，家產悉數被沒收，家人全部被拉去戍守邊關。

小知識

查抄于謙的家產時，卻發現他家窮得叮噹響。當時，只有正室的房門鎖著。打開一看，原來都是皇帝賞給他的蟒衣和劍器。後來，石亨的黨羽陳汝言替代于謙做了兵部尚書。不到一年，陳汝言便搜刮巨額的錢財。明英宗知道後，十分生氣地質問石亨說：「于謙受寵多年，死的時候一無所有，陳汝言為何會有這麼多錢財？」石亨卻低下頭，不吭聲。

做人差距怎麼這麼大呢？

人比人得死，貨比貨得扔！

就在于謙被殺的那天，天空烏雲密布，人人都認為他死得比竇娥還冤。

8

袁崇煥

自古英雄多磨難，誰人敢說比我慘

做為讓無數人崇拜的大英雄，岳飛、于謙死得已經夠慘了吧？但有位大英雄死得比他們還慘，就是明代的愛國將領袁崇煥。

比慘，我自古至今沒輸過！

袁崇煥不但文武雙全，而且還是個軍事迷。

小知識

袁崇煥特別喜歡和別人談論軍事，尤其喜歡與那些從邊疆歸來的老軍官和退伍軍人談論邊塞的事。他還自認為如果讓他鎮守邊疆，他一定能做得非常棒。

擁有三千萬粉絲的Ａ咖女明星的大瓜，你要不要吃？

除了軍事，我對一切都不感興趣！

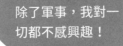

有一年，袁崇煥在兵部工作，朝廷派他鎮守都城北京的重要屏障——山海關，他卻獨自一人騎著馬到山海關外考察敵情。

真是半天雲裡演雜技——藝高人膽大！

當時，兵部和袁崇煥的家人還以為他失蹤了。就在他們打算報警時，袁崇煥卻突然回來了。

一回來，袁崇煥便向朝廷彙報他考察的結果，還說——

只要給我兵馬錢糧，我一個人就能鎮守山海關！

好樣的！

朝中大臣紛紛為袁崇煥按讚，且將他越級提拔。

你將來會成為大明王朝的頂梁柱！

　　然而，可悲的是袁崇煥的頂頭上司高第是個草包。他認為關外一定守不住，不但下令將士兵調回關內，還想將袁崇煥管轄的寧遠、前屯衛的士兵調回關內。
　　袁崇煥認為高第的這個決定非常愚蠢，所以對他說——

這裡歸我管，我即便死在這裡，也絕不離開！

隨你！

袁崇煥不願撤兵，高第只好將其他地方的士兵撤回關內。

當時，大明最強勁的敵人是由女真人在東北那旮旯建立的後金。後金聽說關外的明軍被撤回，立刻大舉進攻袁崇煥鎮守的寧遠。

上門討打嗎？

沒功夫和你廢話！接招吧！

袁崇煥為了激勵士兵，不但向士兵下拜，還寫下血書，把將士們感動得一塌糊塗，各個都願意為他赴湯蹈火。

後金軍來勢洶洶，而袁崇煥卻兵少將寡，就連朝廷都認為寧遠必定失守。然而出乎意料的是，袁崇煥將後金軍打跑了。

文武百官無不振奮，朝廷立刻幫袁崇煥升職加薪，而高第則因為沒有發兵援助袁崇煥而被罷官。

從此以後，朝廷更加器重袁崇煥。例如袁崇煥有什麼要求，全部答應；有將領和他不和，果斷調走。

等到崇禎皇帝即位後，他對袁崇煥更是器重有加。

袁崇煥想要便宜行事的特權，崇禎皇帝不但給，還賜給他可以先斬後奏的尚方寶劍。袁崇煥擔心小人搬弄是非，進而遭崇禎皇帝猜忌，崇禎皇帝立刻下詔安慰他……可以說，崇禎皇帝對他是極其寵信，有求必應。

我相信你會為大明王朝創造奇蹟！

我努力！

儘管袁崇煥備受寵信，但他卻幹了兩件
先斬後奏的事，以致害死自己。

> 欲加之罪，
> 何患無辭！

第一件事：斬殺大將毛文龍

朝鮮境內有個荒無人煙的小島，名叫皮島。皮島四面環
海，北岸與後金相隔僅八十里。

由於皮島的位置很適合騷擾後金的後方，所以明朝便在此
處設置軍鎮，並讓大將毛文龍鎮守。

> 我是皮島島主，
> 連皇帝都管不住！

毛文龍沒什麼大本事，每次騷擾後金軍都會被打成狗。不打仗時，他就販賣人參、布匹，甚至違禁品，沒少撈好處。

幹啥啥不行，
撈錢第一名！

毛文龍唯一存在的價值就是他勇於騷擾後金的衝勁，讓後金十分頭大。

傷害性不大，
騷擾性極強！

袁崇煥一向看不慣毛文龍，便想除掉他。

有一天，袁崇煥邀請毛文龍到山上欣賞士兵射箭，然後趁他不備，讓埋伏在周圍的士兵將他抓起來。

為何要陰我？

看不慣你整天一副作死的樣子！

毛文龍一向很直接，當然不服氣了，便和袁崇煥理論起來。袁崇煥一連列舉了他十二條罪狀，然後取出尚方寶劍把他殺了。

下輩子做人不要太囂張，不然還是這個下場！

殺了毛文龍後，袁崇煥還不忘派人把他埋了。

到了第二天，袁崇煥還親自到墳地去祭奠毛文龍，並說──

昨天殺你，是依據朝廷的法令；今天祭奠你，是出於同僚、朋友的感情！

殺我你還怪有理了！

毛文龍之墓

第二件事：與後金議和

　　袁崇煥曾私自與後金議和，但為何要這麼做呢？

　　其實，這只是一種緩兵之計。袁崇煥是為了贏得更多時間來修築城牆，讓邊防變得固若金湯。

等我修建好城牆，敵人一定會傻眼！

　　事後，儘管袁崇煥將議和之事如實上報給朝廷，且獲得皇帝的讚賞，但此事在日後依然成為導致他喪命的一項罪名。

有什麼事一定要先向長官彙報再做決定，不然你會死得很慘！

後來，後金發兵攻打大明，且一路殺到北京城下。

袁崇煥聽說京城危急，不遠千里前去救援。在袁崇煥的帶領下，明軍成功擊退後金軍。

此刻，袁崇煥應該算得上是拯救京城乃至大明王朝的大英雄吧？

但京城人由於遭到兵禍，各個心生怨恨。他們需要個出氣筒，而袁崇煥卻意外成為出氣筒。

我看沒有人比閣下更適合當出氣筒了！

於是，京城開始出現大量謠言，說袁崇煥擁兵自重，且故意放縱後金軍進攻京城。

袁崇煥這是想擁兵自重，壯大自己！

就是！要不是他有意放後金軍入關，他們怎麼可能打到京城！

就因為袁崇煥曾經與後金議和，一些小人還誣衊他故意引來敵人逼迫朝廷議和，便於簽訂城下之盟。

袁崇煥為了與後金議和
真是無所不用其極！

著實該殺！

俗話說，三人成虎。說的人多了，崇禎皇帝漸漸開始猜忌袁崇煥。

就在這時，後金又設下一個歹毒的離間計。

後金是如何離間崇禎皇帝和袁崇煥的呢？後金先聲稱袁崇煥和他們私下有約定，然後故意將消息透露給被他們俘虜的太監，再讓太監逃走。等太監回到京城後，立刻將自己得到的虛假情報告訴崇禎皇帝，崇禎皇帝對此深信不疑。

中了離間計的崇禎皇帝決定處死袁崇煥，以絕後患。

很快，崇禎皇帝便以擅殺毛文龍並擅自與後金議和之罪將袁崇煥凌遲處死。

所謂「凌遲」，就是將犯人千刀萬剮，讓他們受盡折磨而死。

那種精神上被冤枉而受的傷，與肉體上難以言說的痛，你永遠不懂！

小知識

就在袁崇煥被殺後的第十四個年頭，農民起義軍攻破北京城，崇禎皇帝被迫上吊自殺。不久，早已將國號改為大清的後金，打跑農民起義軍且占領北京城。從此，北京便成了大清王朝的都城。如果袁崇煥沒有被冤殺，大明王朝說不定不會那麼輕易滅亡，而崇禎皇帝也不至於死得那麼悲慘。

9

秦良玉

誰說女子不如男？

一提到巾幗英雄，很多人可能會不自覺地想到代父從軍的花木蘭、「楊門女將」的穆桂英。事實上，她們都是虛構出來的人物。

我花木蘭，純屬虛構！

好巧，我穆桂英也是！

不過，在明代卻真真實實存在一位巾幗英雄，她還是中國歷史上唯一一位被載入正史的女將軍，就是不愛紅裝愛武裝的秦良玉。

巾幗不讓鬚眉！

秦良玉，四川忠州（今重慶市忠縣）人。她雖為女子，但打小就有勇有謀，不但擅長騎馬射箭，還通曉詩文，可謂文武雙全。

誰要是娶到你，那可是八輩子修來的福氣！

成年後，秦良玉嫁給石砫宣撫使馬千乘。小夫妻倆非常恩愛，常羨煞單身狗。

我的字典裡沒有「分手」，只有「喪偶」！

秦良玉不但是馬千乘的老婆，還是他的得力助手。

馬千乘外出打仗時，秦良玉會時常陪伴左右，幫他出謀劃策，運送糧草，甚至親自下場幫他殺敵。

夫唱婦隨，
打仗不累！

有一年，一幫不知死活的賊寇趁明軍喝酒、吃串燒期間突襲。他們本以為會大獲全勝，不料卻被秦良玉夫妻二人吊打。

　　這還不算什麼，秦良玉夫妻二人一口氣追到賊寇老巢，一連攻破他們七座營寨。

唉！偷雞不成
蝕把米！

然而，馬千乘與秦良玉這種只羨鴛鴦不羨仙的美好生活，卻因為馬千乘遭誣陷且病死獄中而被打破。

馬千乘去世後，秦良玉接替老公做了石砫宣撫使。

秦良玉帶兵打仗的本領一點都不輸老公，她對待士兵極其嚴格，每次傳達軍令，將士們都嚴格執行。

秦良玉還擁有一支特種部隊，名叫「白桿兵」，周邊的賊寇都怕得要命。

和白桿兵作對，那是茅廁裡點燈──找死（屎）！

殊不知秦良玉還是一位偉大的愛國女青年。

有一次，永寧宣撫使奢崇明的黨羽造反，想拉秦良玉入
夥，便派人帶著金銀珠寶去遊說她。誰知道秦良玉不但
殺了使者，還率軍衝到對方的老巢，殺了他們一個措手
不及。

女人的心思真
是猜不透！

還有一次，奢崇明率兵圍攻成都，上級命秦良玉前去救援。當時各地官員都收了奢崇明的好處，不肯施以援手，只有秦良玉獨自率軍前往。秦良玉一到，奢崇明的大軍便逃之夭夭。隨後，秦良玉一鼓作氣攻破奢崇明的老巢。朝廷為了獎勵她，還任命她為總兵官，她的兒子為宜慰使，弟弟為副總兵。

是因為鬥不過吧？

好男不跟女鬥！

在男尊女卑的時代，女人幹出一點成績就很容易遭男人嫉恨，更何況是秦良玉這種文韜武略的奇女子呢！所以，有不少將領經常在天啟皇帝背後嚼舌根。為了避免天啟皇帝猜忌，秦良玉上書說——

我曾經打過一些勝仗，但離間我們君臣的那些將領，他們沒見過賊兵，卻整天揮舞著胳膊吹噓自己有多厲害。然而，等到和賊兵兵戎相見時，他們卻慫了，各個聞風而逃！

這幫草包該殺！

那些被賊兵打敗的人卻總擔心別人打敗賊兵，那些被賊兵嚇怕了的人卻總擔心別人比賊兵大膽！

有個總兵，他大敗而回，反而將我拒之門外，不讓我進城。堂堂一個六尺男兒卻嫉妒一個女人，他如果夜深人靜時想一想，一定會當場羞死！

我真替他感到害臊！

天啟皇帝對秦良玉這種女中豪傑十分欽佩，於是親自下詔讓文武百官對她以禮相待，且不得猜忌。

崇禎皇帝執政期間，後金軍曾圍攻京城，秦良玉二話不說便跑去勤王，甚至不惜拿出全部家當充當糧餉。

等到後金軍被打跑後，崇禎皇帝親自召見秦良玉，還一口氣寫了四首詩誇讚秦良玉。

從京城回鄉後，秦良玉一直致力於圍剿四川境內的賊寇。

督師是個草包，想將賊寇消滅在四川境內，因此故意將周邊的賊寇全部驅趕進四川，給秦良玉增加不少工作量。

當時，四川巡撫正戍守重慶。他對兵法一竅不通，錯將秦良玉和張令的軍隊安置在不當的地方，險些害死大家。

好在他有個叫陸遜之的手下碰到了秦良玉，她直言不諱地對陸遜之說──

巡撫不懂兵法，我做為一個婦道人家，蒙受國恩，理應為國捐軀，但可悲的是要和巡撫一起送命了！

為何啊？

巡撫命我駐守在他附近，又命張令駐守在地勢低的地方，等於喪失地利。如果賊兵從山上俯衝下來，張令必敗。等張令戰敗後，賊兵又會來打我，我戰敗後哪還有能力去解救重慶呢！

都知道督師想把賊兵全部趕到四川，巡撫不在此時占據有利地勢，迫使賊兵不敢進攻我軍，反倒消極防守，哪有不失敗的道理！

言之有理！

陸遜之十分贊同秦良玉的建議，立刻彙報給巡撫，巡撫當即將大軍轉移到易守難攻的地方。

知錯就改，
善莫大焉！

不久，農民起義軍領袖張獻忠帶兵來踢館。秦良玉立刻率軍前去抵擋，由於寡不敵眾，她的三萬人馬幾乎全打光了。

隨後，秦良玉又單槍匹馬去見巡撫，想向他支取一半糧餉，以便圍剿農民軍。

現在情況萬分危急！我打算再徵調二萬人馬，但缺少糧餉，我自願拿出一半糧餉，如果官府能再拿出一半糧餉，我就能繼續圍剿賊兵！

不好意思，沒有！

巡撫因為與督師不和，不想幫他圍剿農民軍，所以並未採納秦良玉的計策，她只好悻悻而歸。

因小失大，看來四川要葬送在你手裡了！

不久，四川便淪陷了，秦良玉對手下人慷慨激昂地說——

我的兩個兄弟都為國戰死，我做為一個婦道人家，蒙受國恩長達二十年，儘管現在淪落到這種地步，但也絕不投降！

隨後，秦良玉又將所有士兵召集到一起，並對他們下令說——

凡是投敵者，殺無赦！

緊接著，秦良玉命人把守要害之地，決心與敵人奮戰到底。張獻忠派人在四川到處招降各地的官員，卻沒有一個人敢到秦良玉的地盤。

母老虎，惹不起！

算你識相！

後來，張獻忠兵敗被殺，而秦良玉卻得以善終。

英雄死了是要上天堂的，而狗熊死了可是要下地獄的！

10

鄭成功

不成功，便成仁

當一個王朝滅亡後想死而復生，恐怕比登天還難。

不過，明末清初卻有一個逆行者，他將一生心血全花在反清復明上，這個人就是抗清名將鄭成功。

鄭成功的爸爸名叫鄭芝龍，曾經做過海盜，還娶了一個日本老婆，鄭成功就是他這個日本老婆所生。

原來你是個中日混血兒啊！難怪這麼帥！

後來，鄭芝龍被明朝招安且做了游擊將軍，從此搖身一變成專門捕捉海盜的人。

只有做過海盜的人才更懂得如何對付海盜！

沒聽過幹一行、愛一行嗎？你怎麼能轉行呢？

等到明朝滅亡後，明朝宗室先後在南方建立幾個新政權，統稱為「南明」。

南明的第一任皇帝是弘光帝，但他在南京稱帝沒多久就被清軍殺了。隨後，鄭芝龍等人便擁立隆武帝在福建稱帝。

鄭芝龍因為有擁立之功，於是被封侯。

好好幹，我不會虧待你的！

我願為陛下肝腦塗地！

不久，鄭芝龍便將兒子鄭成功引薦給隆武帝。隆武帝十分
欣賞鄭成功，還撫摸著他的背對他說 ——

可惜我沒有女兒能
嫁給你，不然一定
讓你做我的女婿！

是有點
可惜！

在古代，皇帝將國姓賜給大臣是一種莫大的榮耀。
　明朝的皇帝姓朱，所以「朱」就成了國姓。
於是，隆武帝便將國姓賜給鄭成功，老百姓也因
此都叫他「國姓爺」。

如果我爸爸
知道了，相
信他會為我
感到高興！

今後，你就隨
我的姓了！

雖然鄭成功是明朝的鐵粉，但鄭芝龍卻不是。鄭芝龍見打不過清軍，便生出二心。

　　當清軍打到福建時，鄭芝龍不但不抵擋，反倒還撤掉守軍，結果把隆武帝給氣死了。

隆武帝死後，清軍一招降，鄭芝龍便輕輕鬆鬆地投降了。

我們不禁要問：鄭成功贊成他爸投降嗎？他是一百個不贊同。儘管他苦苦相勸，但他爸就是不聽。

鄭芝龍投降時，幾乎帶走了所有士兵，致使鄭成功手下幾乎無兵可用。沒兵怎麼辦呢？鄭成功只好自己招募。得到數千士兵後，鄭成功自稱「招討大將軍」，繼續與清軍作對。

等到永曆帝即位後，鄭成功又歸附於他，並被封為「延平公」。

光復大明王朝的重擔就落在你身上！

不成功，便成仁！

由於清軍太過強大，鄭成功勢單力薄，儘管征戰多年，卻少有大的收穫，就連永曆帝也不得不逃往緬甸避難。

鄭成功擔心會被清軍滅掉，為了給自己找條退路，他便盯上臺灣島。

臺灣四面環海，易守難攻，是做為根據地的不錯選擇！

當時，臺灣已被荷蘭殖民者占領。

為了奪回臺灣，鄭成功親率數萬大軍從荷蘭殖民者防守最薄弱的地方登陸，殺了荷蘭殖民者一個措手不及。

臺灣是大明的領土，應當歸還我們！

馬上帶你們的金銀珠寶滾蛋！

你讓我們滾蛋，我們就滾蛋，那豈不是太沒面子了？

荷蘭殖民者哪裡肯輕易放棄臺灣，於是，鄭成功將他們整整圍困長達七個多月。荷蘭殖民者見打不過，只好投降，然後灰溜溜地撤出臺灣。

　　鄭成功因為收復臺灣而成為民族英雄。

為英雄鼓掌、撒花！

　　然而可惜的是，幾個月後鄭成功得了一場重病，年僅三十九歲便去世了。

我的理想還沒有實現，就這麼匆匆地離開人世間！

二十一年後，康熙皇帝派兵進攻臺灣，鄭成功的孫子鄭克塽被迫投降，清政府一舉取回臺灣。

臺灣是大清神聖領土不可分割的一部分！

那是當然！

11

林則徐

苟利國家生死以，豈因禍福避趨之

清朝中後期，有位大英雄不但在中國家喻戶曉，國際上也幾乎人盡皆知，就是「禁煙形象大使」林則徐。

今天吸食一克鴉片，明天讓你傾家蕩產！

林則徐可以稱得上是一位全能型官員，幾乎沒有他做不了的事，例如興修水利、賑濟災民、審理案件、打壓豪強。

由於他做的都是一些利國利民的事，所以老百姓都叫他「林青天」。

你是人民的好長官，一心為民謀幸福！

然而，真正讓林則徐名聲大噪的卻是虎門銷煙。

虎門銷煙是怎麼一回事呢？這事和英國人有關。為了賺中國人的錢，喪心病狂的英國人不惜向中國販賣鴉片。

這種昧良心的錢也賺，求求你們，做個人吧！

只要有錢賺，殺人放火都敢幹！

鴉片一經流入中國，上至達官顯貴，下至士兵百姓，甚至婦女、尼姑、和尚，都紛紛成為大煙鬼。

官員為了撈錢購買鴉片，不斷地盤剝老百姓，致使清政府更加腐敗。士兵吸食鴉片，變得面黃肌瘦，風一吹就倒，哪裡還能作戰。老百姓吸食鴉片，以致家破人亡，賣兒賣女，反觀那些販賣鴉片的英國人卻各個成為富豪。

再這樣下去，大清王朝遲早會玩完，道光皇帝決定派人前往販賣鴉片最猖獗的廣東禁煙。

滿朝文武百官誰能擔得起如此重任呢？就在道光皇帝不知道派誰去時，林則徐上書說——

緊接著，道光皇帝一連召見林則徐十九次。

和林則徐進行多次交流後，道光皇帝認為林則徐就是他心目中的「禁煙男神」。

於是，任命林則徐為欽差大臣，讓他奔赴廣東查抄鴉片。

林則徐到達廣東後，將鴉片販子收拾得服服帖帖。沒過多久，林則徐便收繳二萬多箱鴉片。

隨後，林則徐將收繳的鴉片全部運往虎門海灘，並當眾銷毀，史稱「虎門銷煙」。

就是一點渣都不留給你們！

真是無敵了！

為了防止鴉片販子再從沿海向中國運輸鴉片，林則徐親自檢查沿海的各個炮臺，一經發現，立刻開炮。所以，鴉片販子都不敢再往中國運輸鴉片了。

虎門銷煙斷了英國人的財路，英國人惱羞成怒，便向中國開戰，史稱「鴉片戰爭」。

清軍不堪一擊，屢屢被英軍按在地上摩擦。打不過，清政府只好求和。

清政府為了向英軍求和，不但將林則徐革職查辦，還將他發配到新疆的伊犁。

前往伊犁前，林則徐寫下一首抒發個人愛國情懷的詩，有一句非常出名——

苟利國家生死以，豈因禍福避趨之？

待戰爭稍稍平息後，朝廷又將林則徐重新召回並予以重用。

回來吧，朕是不會忘記你這位大英雄的！

算你還有點良心！

後來，拜上帝會的領袖洪秀全帶領教眾在廣西發動起義。由於聲勢浩大，朝廷立刻派全民偶像林則徐前去圍剿。

起義軍聽說林則徐親自出馬，各個嚇得魂飛魄散。

然而可惜的是，當時林則徐已身患重病，走到半路便去世了。老百姓聽說林則徐去世，無不惋惜。

HISTORY 系列 078

英雄養成記：歷代豪傑的蓋世功勳

作　　者 —— 韓明輝
主　　編 —— 邱憶伶
責任編輯 —— 陳映儒
行銷企畫 —— 林欣梅
封面設計 —— 兒日
內頁設計 —— 張靜怡

編輯總監 —— 蘇清霖
董 事 長 —— 趙政岷
出 版 者 —— 時報文化出版企業股份有限公司
　　　　　　108019 臺北市和平西路三段 240 號 3 樓
　　　　　　發行專線 —— (02) 2306-6842
　　　　　　讀者服務專線 —— 0800-231-705・(02) 2304-7103
　　　　　　讀者服務傳真 —— (02) 2304-6858
　　　　　　郵撥 —— 19344724 時報文化出版公司
　　　　　　信箱 —— 10899 臺北華江橋郵局第 99 信箱
時報悅讀網 —— http://www.readingtimes.com.tw
電子郵件信箱 —— newstudy@readingtimes.com.tw
時報出版愛讀者粉絲團 —— https://www.facebook.com/readingtimes.2
法律顧問 —— 理律法律事務所　陳長文律師、李念祖律師
印　　刷 —— 勁達印刷有限公司
初版一刷 —— 2022 年 3 月 11 日
初版六刷 —— 2023 年 5 月 19 日
定　　價 —— 新臺幣 360 元
（缺頁或破損的書，請寄回更換）

時報文化出版公司成立於 1975 年，
1999 年股票上櫃公開發行，2008 年脫離中時集團非屬旺中，
以「尊重智慧與創意的文化事業」為信念。

英雄養成記：歷代豪傑的蓋世功勳／韓明輝著.
-- 初版. -- 臺北市：時報文化出版企業股份有
限公司, 2022.03
　256 面；14.8×21 公分. --（History 系列；78）
　ISBN 978-626-335-073-1（平裝）

1. CST：傳記　2. CST：中國

782.1　　　　　　　　　　　111001960

ISBN 978-926-335-073-1
Printed in Taiwan